EMOZIONI
IN VERSI E COLORI

Giorgio Betteto
Cristina Linzalata

Titolo | Emozioni in versi e colori
Autore | Giorgio Betteto, Cristina Linzalata

ISBN | 978-88-91171-67-2

Youcanprint Self-Publishing
Via Roma, 73 - 73039 Tricase (LE) - Italy
www.youcanprint.it
info@youcanprint.it
Facebook: facebook.com/youcanprint.it
Twitter: twitter.com/youcanprintit

*Ognuno di noi ha la propria personalità,
vive emozioni in circostanze diverse,
reagisce a ciò che vede in modi diversi.
Questo libro è dedicato soprattutto a chi trova più
semplice il libero sfogo nella creatività dei disegni
e delle parole, nella libera espressione del cuore.*

Giorgio Betteto

INTRODUZIONE

Il progetto di questo libro vuole essere una fusione armonica tra poesia e colori, tra parole e forme, tra due linguaggi che raccontano in sintonia le stesse emozioni. Ciò che arriva al lettore sono sentimenti puri e unici, secondo la propria chiave di lettura.

Le poesie di Giorgio Betteto che leggerete, sono frutto di un suo sfogo personale, un modo per lui di scaricare le tensioni e di sormontare la solitudine creatasi intorno a lui, conseguenza di un particolare periodo della sua vita. È come se Giorgio Betteto si fosse liberato dei suoi pesi, e traesse consolazione cercando un appiglio nelle parole. La sua è una reazione contro l'isolamento vissuto nei giorni bui della sua vita.

In questa introduzione si è preferito non fornire ai lettori premesse che spieghino o anticipino le sue poesie, ma lasciare che fosse la libera interpretazione del lettore a dare un significato preciso alle parole. Proprio come le immagini di carattere onirico che accompagnano alcune poesie, esse restano di interpretazione soggettiva di chi le "vive" attraverso la lettura.

In base a una scelta concordata tra autore e illustratrice, solo le poesie più evocative sono state accompagnate da un'immagine che le esaltasse e le completasse, accentuandone le emozioni attraverso il linguaggio dei colori e la scelta del contenuto rappresentato. La vivacità dei toni delle illustrazioni risalta così in tutto il suo splendore, come ad essere lo specchio dell'anima di chi vi ha prestato la mano. Per l'illustratrice stessa è stato uno "scoprirsi" attraverso i versi delle poesie ed interpretare le parole trasformandole in immagini, basandosi sulle proprie sensazioni (oltre che rispondere ai suggerimenti dell'autore).

Il risultato è stato per entrambi soddisfacente; tra l'altro l'esperienza è servita a creare tra loro un legame di complicità tra amici, il quale ha portato una nota di positività in più nel loro lavoro. Detto ciò, auguriamo a Giorgio e Cristina che questo sia solo l'inizio di tutta una serie di interessanti collaborazioni future.

PER TE

Per te che nascondi le parole dietro le emozioni
il cuore emette leggere pulsazioni,
il sorriso è nascosto dietro le labbra
mentre strappi via un bacio al tempo.

È il tempo dell'amor, per ricordare il vero
volto dell'anima e l'esistenza del proprio essere,
che raccoglie i petali dell'egoismo e li fa volare
sopra le dita della generosità.

Specchiando il proprio cuore negli abissi più profondi,
fa rinascere la personalità contro l'arroganza e l'ipocrisia
dai giorni scottati da frammenti di indifferenza.

Per te che non conosci l'odio e lo ricambi con amore
scordando schegge di dolore impresse nelle foto dei ricordi della mente
mescolandoli con la bontà e la sensibilità della tua persona.

Per te nessuna parola oserei rubare se non fosse trascritta nel cuore.
Non avrebbe nessuna realtà se fosse rubata per cercare pace,
per te, chiunque tu sia, non lasciarti travolgere
o farti prigioniero del tuo essere.

C'E' BISOGNO D'AMORE

In questa terra arida
sgocciola sangue,
sulle strade del centro,
non c'è più dignità per nessuno,
la gente se ne frega
di quello che succede
dietro le spalle.

C'è bisogno d'amore
in questo universo,
che ha dimenticato
il calore del cuore,
e non conosce più
la tenerezza di un abbraccio,
c'è bisogno d'amore,
di quello del cuore,
di non averne timore.

C'è bisogno d'amore,
c'è bisogno d'amore,
per ogni cosa
che abbia contatto con l'uomo,
tra le stelle del cielo
un nuovo idolo
sta nascendo.

E tra le schegge di Lucifero,
com'è difficile
far entrare amore,
senza cadere
nel vortice del dolore.

C'è bisogno d'amore
per tutti i cuori del mondo
che piangono ogni giorno,
come un bambino in fasce
senza l'aiuto di un padre
e l'affetto di una madre.

C'è bisogno d'amore
per provare a vivere insieme,
senza nessuna paura
di girare gli occhi
su quelli dopo di noi,
c'è bisogno d'amore
per restare uniti... uniti
in questa carestia del cuore,
deluso dalla vita dell'uomo.

ALL'INTERNO DI TE

Se ti fisso negli occhi
si vede chiaro che soffri,
una vita diventata una rovina
ti ha rinchiuso in una gabbia
facendoti una profonda ferita.

All'interno di te
non hai più libera uscita,
ma se guardi nel profondo
trovi una luce,
basta guardare
attentamente all'interno.

Ti accorgi
che all'interno di te
sei piena di vita,
basta una canzone
per farti più allegra,
all'interno di te
ritrovi la libertà
e mentre ti abbaglia,
le sbarre
diventano farfalle.

Tu sei libera
nel mondo,
all'interno di te
esiste un'altra te,
nel tuo profondo
c'è un'altra vita
all'interno di te
sei sempre più bella,
all'interno di te
diventi sempre più forte.

ODIO

Odio, odio la gente
che non apprezza la sua vita,
e rovina le altre vite
facendo del male,
odio, odio queste persone
senza cuore,
che approfittano
della debolezza della gente
per far di loro
quello che vogliono.

Odio, odio la realtà
di ogni giorno,
che tra violenza e delitti
solo odio lascia entrare,
odio, odio, odio senza amore.

Il sorriso
di un fanciullo abbandonato
mi apre il cuore
di tenerezza e amore,
mentre stringe
la mia mano
si appoggia sul mio petto;

piangendo un po'
la paura di avere perso
un'altra volta, contro l'odio.

Mi dice:
caro uomo
se non vuoi perderti
nell'inutile del cuore,
impara ad amare, amare
nient'altro che amare.

TI AMO

Lo so, lo so, sono stato un po'
invadente e aggressivo con te,
il dolore
che mangiavi dentro te
non lo potevo buttare giù
quello no, proprio no.

Perché ti amo, ti amo
una parola che non ti ho detto quasi mai,
perché tenevo
l'amore e l'amicizia
sullo stesso binario della mia vita.

Solo la tua bocca
illuminata dalla luna
sotto le stelle cadenti,
mentre parlavi di noi
mi ha fatto capire
che ti amo, ti amo senza limiti,
ti amo oggi come se fosse
già domani,
e ti amerei di più.

Ti amo, una parola nata dal cuore
protetta dagli dei del mare
ti amo dal profondo
del mio cuore pieno del tuo
grande amore.

Dolce amore mio
non mi lasciare mai,
non lasciarti andare
nell'oscurità del dolore,
perché io ti amo, ti amo.

MI MANCHI

Mi piacerebbe averti vicino
ogni volta,
mentre apro gli occhi al mattino,
sentire il profumo
dei tuoi teneri capelli,
baciarti la bocca
come se fosse la prima volta.

Mi manchi,
mi manchi
mentre guardo la luna
di questa notte stellata,
come se avessi
un buco nel cuore.
Sento il bisogno
di averti attaccata,
mi basterebbe qualche attimo
per stringerti al mio petto
e sentire il battito del tuo cuore.

Mi manchi
come se avessi perso
metà del mio cuore,
e piango pensando
quando ti rivedrò.

E sento le vene
tremare di freddo
se non ti ho qui adesso,
mentre mi manca il respiro.

Se ti sembro un bambino
mi manchi lo stesso,
perché vivo
di quello che sento
dentro di noi.

COSA VUOI

Dimmi di sì
dimmi di no
dimmi allora che vuoi,
cosa vuoi,
cosa vuoi da me.

Adesso che
mi hai distrutto
e smontato
come un giocattolo.

Ma dimmi allora
cosa vuoi, cosa vuoi da un mondo
fatto di sesso e malvagità.

Ti ha strappato un pezzo d'anima,
davanti alle stelle del mondo
facendoti crollare addosso la morte.

Ma ci vorrebbe il sale
per curare le ferite del cuore
e bisognerebbe imparare
ad amare di più

di più, di più
senza lasciarsi travolgere
dalle onde del mare.

Ti fanno affogare
dentro di te,
dimmi allora cosa vuoi,
cosa vuoi dall'uomo che ami,
hai solo paura di restare da sola
o lo ami davvero?

Dimmi allora cosa vuoi
dall'amore
che sento per te.

Allora dimmi sì
o dimmi no, l'importante è
che lo senti dentro.

MI PIACE SENTIRE

Mi piace sentire
la tua voce da bambina
quando cerchi di dirmi qualcosa,
e non ci riesci.

Mi piace toccare il tuo corpo
mentre sento il tuo odore,
mi piace sentirti
parlare d'amore
e non cadere
nei soliti discorsi banali.

Mi piace sentire
quando ti ami,
nel tuo cuore
non c'è più odio,
sei piena d'amore.

Mi piace sentirti
dire ti amo
anche se qualche volta
sembra per scherzo.

Mi piace sentire
le onde del mare
mentre facciamo l'amore,
mi piace sentire
tutto quello che sei.

MORTO A METÀ

Io non ho più la fede in Dio,
non credo neppure
alle cose dentro di me,
mi considero peggio
di una cosa gettata.

Sono morto a metà
senza anima nel corpo,
vivo di quello che basta
per prendere fiato,
e il mio cuore è in frantumi
con un amore diverso.

Morto a metà io
sono morto a metà,
senza la forza
di reagire e andare avanti,
non ho più
il carattere di un leone,
ma sono fragile
più delle foglie
portate via dal vento.

Morto a metà
il mio corpo è
morto a metà ogni volta
mentre litigo con te,
mi sembra come
di sentirmi
schiacciato dal mondo.
Adesso lo so
cosa significa
essere morti a metà,
quando ti senti
completamente abbattuto,
come un bambino
mentre piange sul letto.

Morto a metà
rimango morto a metà,
anche se tu
diventassi completamente mia
io rimango morto a metà.

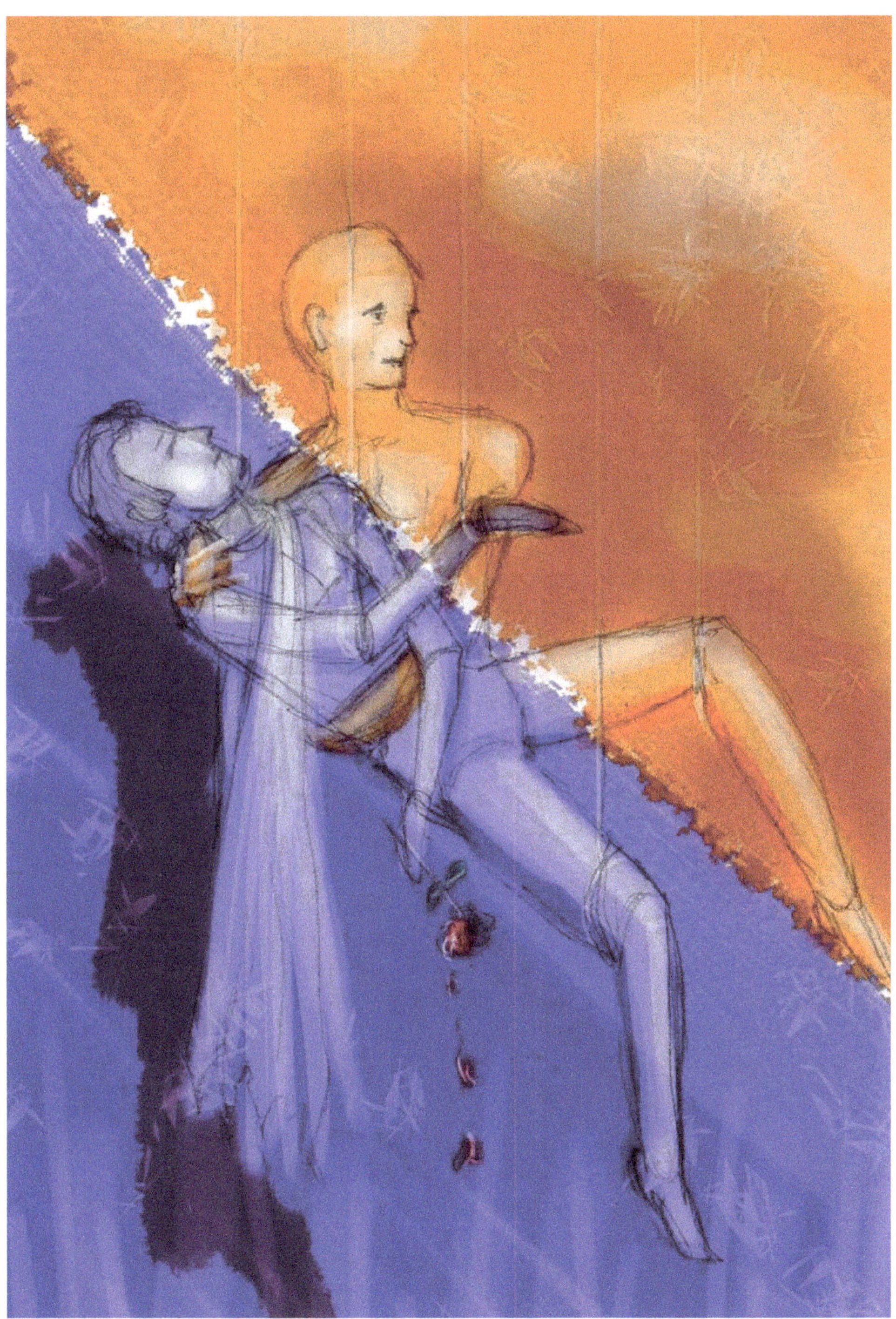

IL PREZZO DELLA VITA

Ogni giorno che passa
mi faccio sempre la stessa domanda,
leggendo le pagine dei giornali
e ascoltando quello che dicono per tv.

Ma la vita che prezzo ha?
È giusto bruciarla vendendo
il proprio corpo, per accontentare il bisogno animale,
o per la passione di fare sesso che sta dentro te?

Il prezzo della vita
non si può comprare con il denaro
lo devi capire anche se ti piace
troppo la passione di farti del male.
Ti chiedi mai
se il tuo corpo è contento di quello che fai,
se il cuore non ci rimane un po' male
a dover subire anche quello che si potrebbe evitare.

Il prezzo della vita
non lo troverai molto facilmente
se ti ostini a guardare solo tv e giornali,
devi guardare altrove,
dove gli occhi non possono più vedere
e lasciano libero spazio alla mente.

Devi ascoltare veramente
il tuo respiro tranquillo per decidere cosa fare
e stare attento a non sbagliare ancora,
altrimenti il dolore sarebbe troppo forte.

Il prezzo della vita
lo devi decidere con amore
senza giocare con il cuore,
devi capire veramente cosa vuoi da te stessa,
se è giusto quello che stai facendo.

Perché il prezzo della vita
è una cosa importante, non si può gettare via
come se fosse una bugia da raccontare per nascondere la verità,
il prezzo della vita è così
lo senti dentro se non è giusto quello che stai facendo.

NON GIOCO PIÙ

Non è come una partita di calcio
con il fischio iniziale,
si tira il pallone, tre quattro scarti
due calci di rigore, un tiro in porta
seguito dal fischio finale;
non gioco più
non gioco più.

Non gioco più
con questa storia,
tra sesso e passione
si è fatta una gran confusione
dimenticando i veri tasti del cuore.
Non gioco più
non gioco più.

Non gioco più
con le parole d'amore
mentre ti riempiono il cuore
bucato dalle spine del dolore,
non gioco più.

Non gioco più
fra noi due, che tra
schiaffi e silenzi
non riusciamo a capirci,
vogliamo andare avanti
mentre ci pugnaliamo il cuore,
e affoghiamo dentro di noi
massacrandoci i sentimenti dell'anima.

Non gioco più
non gioco più
a meno che non entri un po' d'amore
e ci aiuti a dimenticare le tracce di dolore
e ci faccia ricominciare ad amare.

SOGNARE

È bellissimo poter sognare, baciati dalla neve
delicatamente distesa sulla mente.
Del giorno speciale l'essere ideale
nascosto nell'ombra della persona, oppure soltanto...
se vuoi provare a sognare.

Sognare, sognare dicono è da bambini
ed è solo una bugia...
ma ti purifica il cuore
donandoti libertà.

Quanto sarebbe speciale se tutto si potesse rifare,
dando il colore della felicità al centro di sé;
mentre getti la carta di te
schizza fuori profumo di libertà.

Neve abbagliata dal sole, sciolta sulla pelle,
sognare, sognare e godersi
qualche momento di felicità
sfogando nel viso delicatamente

il sorriso trasmesso.
Sognare, sognare è un dono speciale
donato a cuori raccolti nelle sabbie dalle lacrime delle stelle.
Tutti i cuori possono sognare, qualcuno va negli abissi
sognando di essere un re
finendo bruciato nella lava del tradimento.

Se si potesse dimenticare le
cicatrici del passato sciolte nella neve ingannate dal terreno
gettando fuori un'intensità di profumi!
Com'è difficile sognare,
sognare vedendo il domani peggio di oggi.

Provo a sognare le spiagge baciate dal mare,
il sole nascosto dal tramonto notturno,
luccicante nel cielo appare l'arcobaleno.

I sogni finiscono nel primo mattino
lasciandoti incollato l'adesivo della felicità,
quella di poter reagire ogni tanto sognando.

DELUSIONE D'AMORE

Il sole ti illumina il viso,
tu mi dici che aspetti un bambino
da un ragazzo
che credevi ti amasse
ma alla fine
ti ha soltanto usata.

Con il tuo corpo
ha fatto i suoi giochi sessuali,
quando ha finito
ti ha gettato
come uno straccio.

Mentre gli occhi piangono
tu mi chiedi un consiglio,
ti faccio salire in moto e
ti porto al luna park.

Durante una giostra
ti gira la testa
e ti fa male la pancia,
io ti guardo, tu mi dici
non aspetto un figlio
era solo un ritardo.

Sorridendo ti innamori
di un altro,
i tuoi occhi
cominciano a brillare,
mentre ti apri su un amore nuovo.

DIO SE È VERO CHE CI SEI

In questa nostra generazione
non c'è più umanità,
per le strade e le vie del centro
ogni cuore ha un dolore sai;
che si é fatto o è stato creato
dalla malvagità di altra gente.

Dio se è vero che ci sei
difendi queste vite
che credono ancora in te
e non hanno perso
la fede come me.

Sulle gioie della vita
il dolore è la forza,
e nei fanghi di una città
la gente muore,
senza nessuna possibilità.

Dio se è vero che ci sei
non te ne andare via
perché questi uomini
confidano in te,
Dio se è vero che ci sei
rivolta questo mondo
e aggiusta i cuori della gente.

TRA QUESTE MURA

Tra queste mura non c'è più via d'uscita,
le regole non hanno legge
perché sono loro la copertura.

Tra queste mura nulla può uscire
senza passare dal numero uno,
che tiene d'occhio tutte le piastrelle del muro.

Devi stare attento ad ogni mossa,
al leggero movimento che fai,
perché se vieni scoperto sei fregato.

Tra queste mura non respiro più,
si stanno stringendo sempre di più,
mi schiacciano il cuore fino alla fine.

Ma adesso io scopro le carte,
parlo con il numero uno e due,
gli dico tutto quello che ho tenuto dentro,
senza nessuna paura di ferirgli il cuore.

Gli dico tutto ma proprio tutto
senza risparmiare nessuna parola
e non mi farò abbattere, questa volta no.

Vado a gioco sicuro,
non me ne frega se lui
dovesse cambiare idea.
Rimango con le mie decisioni fino alla fine,
me ne andrò fuori da queste mura,
senza nessun ripianto per quello che ho fatto.

È giusto così, lui la sua vita come vuole ed io la mia
con tutto il cuore per la persona importante per me.

Mentre il numero uno mi viene sempre contro
adesso vado lì, gli parlo veramente e non gli lascio più fiato,
e me ne vado via da queste sporche mura bianche.

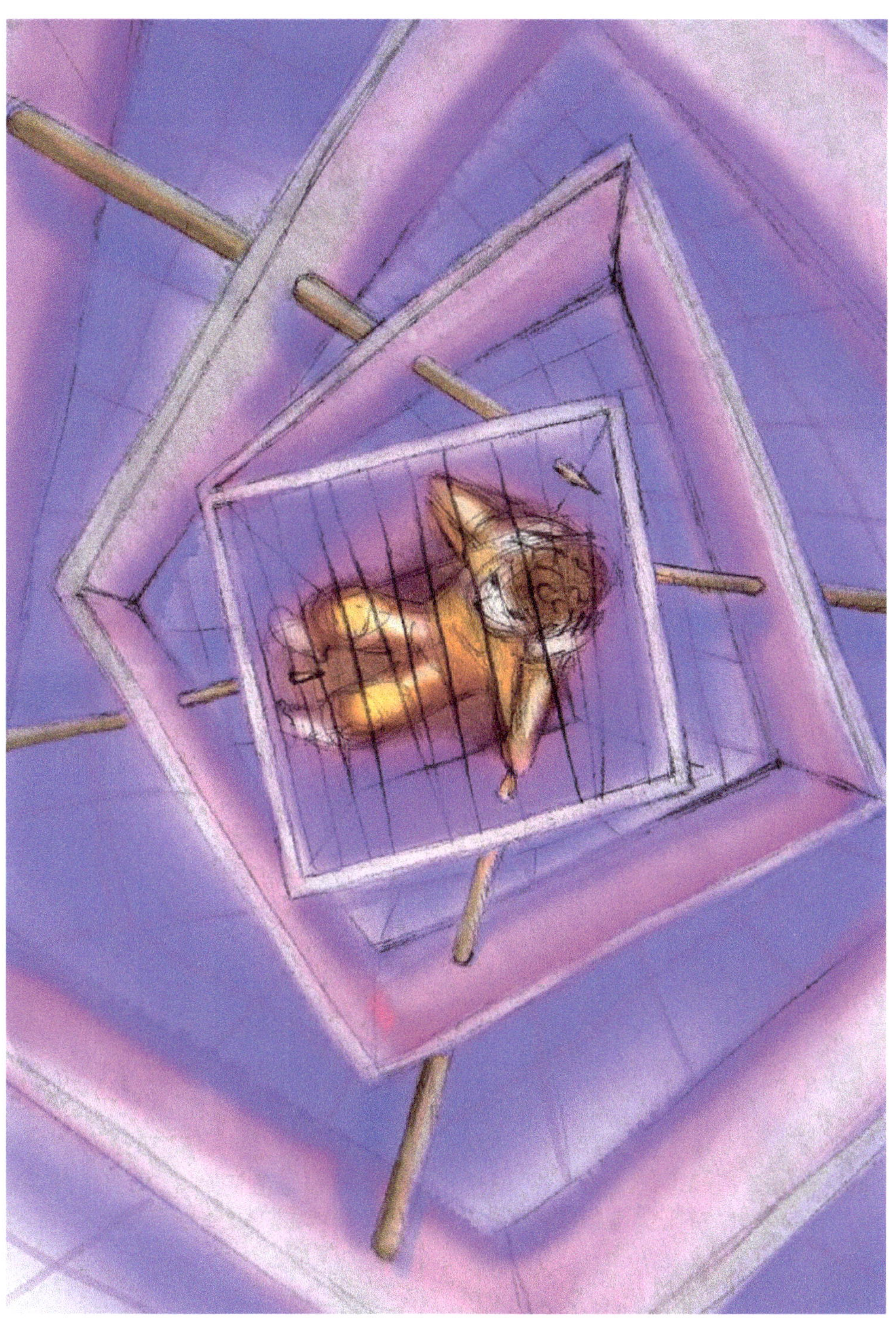

STRANE POESIE

Le mie poesie a volte sembrano canzoni,
se le scrivo immaginandole
con la musica accanto,
mentre chiudi gli occhi vedi le immagini di quello che scrivo.

Strane poesie
per ricordare la tua personalità,
strane poesie per far piovere amore
dentro al fuoco del dolore,
della solitudine che non lascia respiro
prendendoti in giro come se fossi un bambino.
Strane poesie
ricordano tutto quello che eri,
l'immagine di te è specchiata su una strofa
mentre ti lacrima il viso e te lo asciuga quella accanto
ricordandoti che esiste sempre l'amore.

Strane poesie
dentro ai miei pensieri che non riesco ad ascoltare
e rischio di perderli dentro la mente,
strane poesie per ricordare i fatti accaduti
e non caderci un'altra volta dentro,
strane poesie a volte ti fanno stare male
perché ti fanno ricordare anche qualcosa
che avresti voluto dimenticare.

Solo con strane poesie
io riesco a sfogarmi e rifarmi
come se io fossi un versetto di una di esse,
solo così riesco ad essere me stesso
scrivendo tutto quello che penso
nelle mie strane poesie.

UNA CANZONE

Forse a trent'anni o poco più
riuscirò a cantare la mia prima canzone
che ho tenuto sul fondo del mio cuore
e far sì che avvenga un'esplosione.

Una canzone per ricominciare ad amare,
una canzone per sognare una vita diversa
dove tutti si danno una mano senza pensare al denaro,
aprendo al cielo il cuore
che vaga nell'aria come una mongolfiera.

Forse a trent'anni
saranno morti
tutti i miei sogni, oppure no,
o sarò distrutto senza speranza,
a trent'anni chissà cosa mi accadrà,
se sarò ancora io o qualcun altro.
Ma se non riuscissi a cantare una canzone
devo continuare a sperarci, prima o poi ce la farò,
a cantare una canzone per eliminare tutto il dolore dentro me.

Una canzone sì
per ricominciare a vivere
mi basta una canzone che sento dentro il cuore,
sta scoppiando per essere ascoltata
da tutti quelli che mi dicevano "non ce la farai mai,
sei solo un illuso".

Ma adesso ce l'ho fatta,
gli ho tappato la bocca,
una canzone
per rinascere in un mondo migliore.

NON ABBATTERTI

Dai non abbatterti,
non è la soluzione migliore,
lui non sarebbe contento di vederti giù
e morire dentro.

Tuo padre ti parla coi battiti del cuore,
con il vento e l'aria che ti circonda, ti dà calore,
per non farti sentire il fondo della tua sofferenza.

Ti guarda di giorno con il sole, insieme al cielo azzurro
ti protegge con i suoi raggi dalla malvagità del mondo,
e durante la notte ti osserva con mille occhi e più nel cielo.

Farà brillare tutte le stelle per non farti mai sentire sola
ti resterà sempre attaccato, le tue paure farfalle farà diventare,
in alto nel cielo le farà volare e tu le potrai guardare.

Gli incubi più crudeli rose diventeranno
di profumo d'amore sapranno,
in mano a te fioriranno.
Tuo padre non è morto del tutto
se tu credi nel suo cuore dentro il tuo
e non ti farai abbattere da colpe che non hai.

Reagisci con forza e tenacia nel mondo,
lui ti guarderà dal cielo con un grande sorriso e tu
non ti arrenderai mai, farai un sorriso e vivrai con tutto il cuore.

Sarai felice per te e per lui e solo così
vedendo i tuo occhi brillare ti sarà vicino in ogni momento
e ti difenderà quando ne avrai bisogno.

Allora vivi,
sii felice e vedrai
che avrai una forza in più dentro di te.

UNA NUOVA VITA

Sull'espressione della mia donna
è calato un mantello speciale pieno di colori
e ricoperto di fiori.

Nella quotidianità sta cambiando dentro
per una gioia bellissima dalle emozioni contrastanti.

È in attesa di un piccolino che
nella sua creazione iniziale
la fa agitare un po'.

Lo si sente muovere nel pancino
mentre le dà qualche calcio e pugnetto
e fa le capriole rotolandosi qua e là.

Non ha importanza se è maschio o femmina,
basta che nasca nel desiderio dell'amore intenso
coprendosi pure lui di purezza
senza macchie di falsità.

Che sia un sogno o un desiderio non ha importanza,
basta che nasca nella purezza del grembo attorno a se.

Mentre continua la propria creazione
le scombussola tutto l'esterno
colmando la gioia del suo percorso.

Nel suo silenzio intenso
sente l'impulso del suo respiro
e tutte le paure raccolte nell'attesa della nascita
svaniscono all'istante.

È un'emozione indescrivibile,
quando nasce lo tiene in braccio vicino al seno
nel suo primo pianto...
di una nuova vita.

NOTE AUTOBIOGRAFICHE

Giorgio Betteto
Autore

Nato nel 1979, 35 anni, Giorgio Betteto nella vita è padre di due bellissimi bambini e magazziniere presso la B.R.T. Massaggiatore per passione, ha sperimentato e studiato tecniche di rilassamento ed energetiche per il benessere della persona tra cui l'ayurveda, il cranio sacrale, la digito pressione, il linfodrenaggio e il tai stretching. Vive a Casale sul Sile, in provincia di Treviso ed è qualificato come operatore in agriturismo e operatore agricolo. La sua ricerca spirituale lo ha portato ad essere attivo in gruppi di crescita personale, emotiva e di pensiero. Il suo è lo spirito di un poeta spontaneo, un eterno poeta bambino che attraverso i suoi versi ricuce le dolorose ferite dell'anima.

NOTE AUTOBIOGRAFICHE

Cristina Linzalata
Illustratrice

Nata nel 1990, 24 anni, Cristina Linzalata è graphic designer ma all'oc-
correnza illustratrice, fotografa e poetessa con una passione per l'arte,
la creatività e l'handmade. Vive e lavora a Milano come graphic de-
signer presso un ente no profit. Da sempre attratta da tutto ciò che
si può esprimere con le immagini, con l'arte e i colori, dal 2004 ha
frequentato il liceo artistico scegliendo nel triennio l'indirizzo grafi-
co pubblicitario. Dopo la maturità ha frequentato il primo anno di
accademia privata di belle arti. Realizzando che il disegno era la sua
passione ma che avrebbe preferito coltivarla solo come hobby, si è
iscritta ad un corso biennale di grafica, per poi inserirsi nel mondo
del lavoro con quella qualifica. Nei suoi ultimi disegni ha utilizzato
spesso la tecnica digitale, soprattutto per la colorazione. Cristina Lin-
zalata ama molto sperimentare tecniche diverse, spesso di fusione, che
la tecnologia odierna può offrire per creare lavori artistici sempre più
innovativi.

INDICE

Finito di stampare nel mese di Gennaio 2015
per conto di Youcanprint *Self-Publishing*

www.ingramcontent.com/pod-product-compliance
Lightning Source LLC
LaVergne TN
LVHW051125180726
843512LV00012B/933